Log Book Details

Log Start Date	
Log Book Number	

DETAILS

Name	
Address	
Email Address	
Mobile Number	
Work Number	
Fax Number	

CUSTOMER:	CUSTOMER NAME:
CONTACT ADDRESS:	
CONTACT NO:	EMAIL:
OCCUPATION:	BIRTHDAY:

APPOINTMENT DATE	TIME	SERVICE	AMOUNT	REMARKS

CUSTOMER:	**CUSTOMER NAME:**
CONTACT ADDRESS:	
CONTACT NO:	**EMAIL:**
OCCUPATION:	**BIRTHDAY:**

APPOINTMENT DATE	TIME	SERVICE	AMOUNT	REMARKS

CUSTOMER:	CUSTOMER NAME:
CONTACT ADDRESS:	
CONTACT NO:	EMAIL:
OCCUPATION:	BIRTHDAY:

APPOINTMENT DATE	TIME	SERVICE	AMOUNT	REMARKS

CUSTOMER:	**CUSTOMER NAME:**
CONTACT ADDRESS:	
CONTACT NO:	**EMAIL:**
OCCUPATION:	**BIRTHDAY:**

APPOINTMENT DATE	TIME	SERVICE	AMOUNT	REMARKS

CUSTOMER:	CUSTOMER NAME:
CONTACT ADDRESS:	
CONTACT NO:	EMAIL:
OCCUPATION:	BIRTHDAY:

APPOINTMENT DATE	TIME	SERVICE	AMOUNT	REMARKS

CUSTOMER:

CUSTOMER NAME:

CONTACT ADDRESS:

CONTACT NO:

EMAIL:

OCCUPATION:

BIRTHDAY:

APPOINTMENT DATE	TIME	SERVICE	AMOUNT	REMARKS

CUSTOMER:	**CUSTOMER NAME:**
CONTACT ADDRESS:	
CONTACT NO:	**EMAIL:**
OCCUPATION:	**BIRTHDAY:**

APPOINTMENT DATE	TIME	SERVICE	AMOUNT	REMARKS

CUSTOMER:	**CUSTOMER NAME:**
CONTACT ADDRESS:	
CONTACT NO:	**EMAIL:**
OCCUPATION:	**BIRTHDAY:**

APPOINTMENT DATE	TIME	SERVICE	AMOUNT	REMARKS

CUSTOMER:

CUSTOMER NAME:

CONTACT ADDRESS:

CONTACT NO:

EMAIL:

OCCUPATION:

BIRTHDAY:

APPOINTMENT DATE	TIME	SERVICE	AMOUNT	REMARKS

CUSTOMER:

CUSTOMER NAME:

CONTACT ADDRESS:

CONTACT NO:

EMAIL:

OCCUPATION:

BIRTHDAY:

APPOINTMENT DATE	TIME	SERVICE	AMOUNT	REMARKS

CUSTOMER:	CUSTOMER NAME:
CONTACT ADDRESS:	
CONTACT NO:	EMAIL:
OCCUPATION:	BIRTHDAY:

APPOINTMENT DATE	TIME	SERVICE	AMOUNT	REMARKS

CUSTOMER:

CUSTOMER NAME:

CONTACT ADDRESS:

CONTACT NO:

EMAIL:

OCCUPATION:

BIRTHDAY:

APPOINTMENT DATE	TIME	SERVICE	AMOUNT	REMARKS

CUSTOMER:	CUSTOMER NAME:
CONTACT ADDRESS:	
CONTACT NO:	**EMAIL:**
OCCUPATION:	**BIRTHDAY:**

APPOINTMENT DATE	TIME	SERVICE	AMOUNT	REMARKS

CUSTOMER:	**CUSTOMER NAME:**
CONTACT ADDRESS:	
CONTACT NO:	**EMAIL:**
OCCUPATION:	**BIRTHDAY:**

APPOINTMENT DATE	TIME	SERVICE	AMOUNT	REMARKS

CUSTOMER:	**CUSTOMER NAME:**
CONTACT ADDRESS:	
CONTACT NO:	**EMAIL:**
OCCUPATION:	**BIRTHDAY:**

APPOINTMENT DATE	TIME	SERVICE	AMOUNT	REMARKS

CUSTOMER:	**CUSTOMER NAME:**
CONTACT ADDRESS:	
CONTACT NO:	**EMAIL:**
OCCUPATION:	**BIRTHDAY:**

APPOINTMENT DATE	TIME	SERVICE	AMOUNT	REMARKS

CUSTOMER:	**CUSTOMER NAME:**
CONTACT ADDRESS:	
CONTACT NO:	**EMAIL:**
OCCUPATION:	**BIRTHDAY:**

APPOINTMENT DATE	TIME	SERVICE	AMOUNT	REMARKS

CUSTOMER:	**CUSTOMER NAME:**
CONTACT ADDRESS:	
CONTACT NO:	**EMAIL:**
OCCUPATION:	**BIRTHDAY:**

APPOINTMENT DATE	TIME	SERVICE	AMOUNT	REMARKS

CUSTOMER:	CUSTOMER NAME:
CONTACT ADDRESS:	
CONTACT NO:	EMAIL:
OCCUPATION:	BIRTHDAY:

APPOINTMENT DATE	TIME	SERVICE	AMOUNT	REMARKS

CUSTOMER:	**CUSTOMER NAME:**
CONTACT ADDRESS:	
CONTACT NO:	**EMAIL:**
OCCUPATION:	**BIRTHDAY:**

APPOINTMENT DATE	TIME	SERVICE	AMOUNT	REMARKS

CUSTOMER:	**CUSTOMER NAME:**
CONTACT ADDRESS:	
CONTACT NO:	**EMAIL:**
OCCUPATION:	**BIRTHDAY:**

APPOINTMENT DATE	TIME	SERVICE	AMOUNT	REMARKS

CUSTOMER:	**CUSTOMER NAME:**
CONTACT ADDRESS:	
CONTACT NO:	**EMAIL:**
OCCUPATION:	**BIRTHDAY:**

APPOINTMENT DATE	TIME	SERVICE	AMOUNT	REMARKS

CUSTOMER: | **CUSTOMER NAME:**

CONTACT ADDRESS:

CONTACT NO: | **EMAIL:**

OCCUPATION: | **BIRTHDAY:**

APPOINTMENT DATE	TIME	SERVICE	AMOUNT	REMARKS

CUSTOMER:	**CUSTOMER NAME:**
CONTACT ADDRESS:	
CONTACT NO:	**EMAIL:**
OCCUPATION:	**BIRTHDAY:**

APPOINTMENT DATE	TIME	SERVICE	AMOUNT	REMARKS

CUSTOMER:	**CUSTOMER NAME:**
CONTACT ADDRESS:	
CONTACT NO:	**EMAIL:**
OCCUPATION:	**BIRTHDAY:**

APPOINTMENT DATE	TIME	SERVICE	AMOUNT	REMARKS

CUSTOMER:	**CUSTOMER NAME:**
CONTACT ADDRESS:	
CONTACT NO:	**EMAIL:**
OCCUPATION:	**BIRTHDAY:**

APPOINTMENT DATE	TIME	SERVICE	AMOUNT	REMARKS

CUSTOMER:	**CUSTOMER NAME:**
CONTACT ADDRESS:	
CONTACT NO:	**EMAIL:**
OCCUPATION:	**BIRTHDAY:**

APPOINTMENT DATE	TIME	SERVICE	AMOUNT	REMARKS

CUSTOMER:

CUSTOMER NAME:

CONTACT ADDRESS:

CONTACT NO:

EMAIL:

OCCUPATION:

BIRTHDAY:

APPOINTMENT DATE	TIME	SERVICE	AMOUNT	REMARKS

CUSTOMER:	**CUSTOMER NAME:**
CONTACT ADDRESS:	
CONTACT NO:	**EMAIL:**
OCCUPATION:	**BIRTHDAY:**

APPOINTMENT DATE	TIME	SERVICE	AMOUNT	REMARKS

CUSTOMER:	CUSTOMER NAME:
CONTACT ADDRESS:	
CONTACT NO:	EMAIL:
OCCUPATION:	BIRTHDAY:

APPOINTMENT DATE	TIME	SERVICE	AMOUNT	REMARKS

CUSTOMER:	CUSTOMER NAME:
CONTACT ADDRESS:	
CONTACT NO:	EMAIL:
OCCUPATION:	BIRTHDAY:

APPOINTMENT DATE	TIME	SERVICE	AMOUNT	REMARKS

CUSTOMER:	**CUSTOMER NAME:**
CONTACT ADDRESS:	
CONTACT NO:	**EMAIL:**
OCCUPATION:	**BIRTHDAY:**

APPOINTMENT DATE	TIME	SERVICE	AMOUNT	REMARKS

CUSTOMER:	**CUSTOMER NAME:**
CONTACT ADDRESS:	
CONTACT NO:	**EMAIL:**
OCCUPATION:	**BIRTHDAY:**

APPOINTMENT DATE	TIME	SERVICE	AMOUNT	REMARKS

CUSTOMER:	**CUSTOMER NAME:**
CONTACT ADDRESS:	
CONTACT NO:	**EMAIL:**
OCCUPATION:	**BIRTHDAY:**

APPOINTMENT DATE	TIME	SERVICE	AMOUNT	REMARKS

CUSTOMER:	**CUSTOMER NAME:**
CONTACT ADDRESS:	
CONTACT NO:	**EMAIL:**
OCCUPATION:	**BIRTHDAY:**

APPOINTMENT DATE	TIME	SERVICE	AMOUNT	REMARKS

CUSTOMER:	**CUSTOMER NAME:**
CONTACT ADDRESS:	
CONTACT NO:	**EMAIL:**
OCCUPATION:	**BIRTHDAY:**

APPOINTMENT DATE	TIME	SERVICE	AMOUNT	REMARKS

CUSTOMER:	**CUSTOMER NAME:**
CONTACT ADDRESS:	
CONTACT NO:	**EMAIL:**
OCCUPATION:	**BIRTHDAY:**

APPOINTMENT DATE	TIME	SERVICE	AMOUNT	REMARKS

CUSTOMER:	CUSTOMER NAME:
CONTACT ADDRESS:	
CONTACT NO:	EMAIL:
OCCUPATION:	BIRTHDAY:

APPOINTMENT DATE	TIME	SERVICE	AMOUNT	REMARKS

CUSTOMER:	**CUSTOMER NAME:**
CONTACT ADDRESS:	
CONTACT NO:	**EMAIL:**
OCCUPATION:	**BIRTHDAY:**

APPOINTMENT DATE	TIME	SERVICE	AMOUNT	REMARKS

CUSTOMER:	**CUSTOMER NAME:**
CONTACT ADDRESS:	
CONTACT NO:	**EMAIL:**
OCCUPATION:	**BIRTHDAY:**

APPOINTMENT DATE	TIME	SERVICE	AMOUNT	REMARKS

CUSTOMER:	**CUSTOMER NAME:**
CONTACT ADDRESS:	
CONTACT NO:	**EMAIL:**
OCCUPATION:	**BIRTHDAY:**

APPOINTMENT DATE	TIME	SERVICE	AMOUNT	REMARKS

CUSTOMER:	**CUSTOMER NAME:**
CONTACT ADDRESS:	
CONTACT NO:	**EMAIL:**
OCCUPATION:	**BIRTHDAY:**

APPOINTMENT DATE	TIME	SERVICE	AMOUNT	REMARKS

CUSTOMER:	CUSTOMER NAME:
CONTACT ADDRESS:	
CONTACT NO:	EMAIL:
OCCUPATION:	BIRTHDAY:

APPOINTMENT DATE	TIME	SERVICE	AMOUNT	REMARKS

CUSTOMER:	**CUSTOMER NAME:**
CONTACT ADDRESS:	
CONTACT NO:	**EMAIL:**
OCCUPATION:	**BIRTHDAY:**

APPOINTMENT DATE	TIME	SERVICE	AMOUNT	REMARKS

CUSTOMER:	**CUSTOMER NAME:**
CONTACT ADDRESS:	
CONTACT NO:	**EMAIL:**
OCCUPATION:	**BIRTHDAY:**

APPOINTMENT DATE	TIME	SERVICE	AMOUNT	REMARKS

CUSTOMER:	**CUSTOMER NAME:**
CONTACT ADDRESS:	
CONTACT NO:	**EMAIL:**
OCCUPATION:	**BIRTHDAY:**

APPOINTMENT DATE	TIME	SERVICE	AMOUNT	REMARKS

CUSTOMER:	**CUSTOMER NAME:**
CONTACT ADDRESS:	
CONTACT NO:	**EMAIL:**
OCCUPATION:	**BIRTHDAY:**

APPOINTMENT DATE	TIME	SERVICE	AMOUNT	REMARKS

CUSTOMER:	**CUSTOMER NAME:**
CONTACT ADDRESS:	
CONTACT NO:	**EMAIL:**
OCCUPATION:	**BIRTHDAY:**

APPOINTMENT DATE	TIME	SERVICE	AMOUNT	REMARKS

CUSTOMER: | CUSTOMER NAME:

CONTACT ADDRESS:

CONTACT NO: | EMAIL:

OCCUPATION: | BIRTHDAY:

APPOINTMENT DATE	TIME	SERVICE	AMOUNT	REMARKS

CUSTOMER:	**CUSTOMER NAME:**
CONTACT ADDRESS:	
CONTACT NO:	**EMAIL:**
OCCUPATION:	**BIRTHDAY:**

APPOINTMENT DATE	TIME	SERVICE	AMOUNT	REMARKS

CUSTOMER:	**CUSTOMER NAME:**
CONTACT ADDRESS:	
CONTACT NO:	**EMAIL:**
OCCUPATION:	**BIRTHDAY:**

APPOINTMENT DATE	TIME	SERVICE	AMOUNT	REMARKS

CUSTOMER:

CUSTOMER NAME:

CONTACT ADDRESS:

CONTACT NO:

EMAIL:

OCCUPATION:

BIRTHDAY:

APPOINTMENT DATE	TIME	SERVICE	AMOUNT	REMARKS

CUSTOMER:	CUSTOMER NAME:
CONTACT ADDRESS:	
CONTACT NO:	EMAIL:
OCCUPATION:	BIRTHDAY:

APPOINTMENT DATE	TIME	SERVICE	AMOUNT	REMARKS

CUSTOMER:	CUSTOMER NAME:
CONTACT ADDRESS:	
CONTACT NO:	EMAIL:
OCCUPATION:	BIRTHDAY:

APPOINTMENT DATE	TIME	SERVICE	AMOUNT	REMARKS

CUSTOMER:	**CUSTOMER NAME:**
CONTACT ADDRESS:	
CONTACT NO:	**EMAIL:**
OCCUPATION:	**BIRTHDAY:**

APPOINTMENT DATE	TIME	SERVICE	AMOUNT	REMARKS

CUSTOMER:	**CUSTOMER NAME:**
CONTACT ADDRESS:	
CONTACT NO:	**EMAIL:**
OCCUPATION:	**BIRTHDAY:**

APPOINTMENT DATE	TIME	SERVICE	AMOUNT	REMARKS

CUSTOMER:	**CUSTOMER NAME:**
CONTACT ADDRESS:	
CONTACT NO:	**EMAIL:**
OCCUPATION:	**BIRTHDAY:**

APPOINTMENT DATE	TIME	SERVICE	AMOUNT	REMARKS

CUSTOMER:	**CUSTOMER NAME:**
CONTACT ADDRESS:	
CONTACT NO:	**EMAIL:**
OCCUPATION:	**BIRTHDAY:**

APPOINTMENT DATE	TIME	SERVICE	AMOUNT	REMARKS

CUSTOMER:	**CUSTOMER NAME:**
CONTACT ADDRESS:	
CONTACT NO:	**EMAIL:**
OCCUPATION:	**BIRTHDAY:**

APPOINTMENT DATE	TIME	SERVICE	AMOUNT	REMARKS

CUSTOMER:	**CUSTOMER NAME:**
CONTACT ADDRESS:	
CONTACT NO:	**EMAIL:**
OCCUPATION:	**BIRTHDAY:**

APPOINTMENT DATE	TIME	SERVICE	AMOUNT	REMARKS

CUSTOMER:

CUSTOMER NAME:

CONTACT ADDRESS:

CONTACT NO:

EMAIL:

OCCUPATION:

BIRTHDAY:

APPOINTMENT DATE	TIME	SERVICE	AMOUNT	REMARKS

CUSTOMER:	**CUSTOMER NAME:**
CONTACT ADDRESS:	
CONTACT NO:	**EMAIL:**
OCCUPATION:	**BIRTHDAY:**

APPOINTMENT DATE	TIME	SERVICE	AMOUNT	REMARKS

CUSTOMER:	**CUSTOMER NAME:**
CONTACT ADDRESS:	
CONTACT NO:	**EMAIL:**
OCCUPATION:	**BIRTHDAY:**

APPOINTMENT DATE	TIME	SERVICE	AMOUNT	REMARKS

CUSTOMER:

CUSTOMER NAME:

CONTACT ADDRESS:

CONTACT NO:

EMAIL:

OCCUPATION:

BIRTHDAY:

APPOINTMENT DATE	TIME	SERVICE	AMOUNT	REMARKS

CUSTOMER:

CUSTOMER NAME:

CONTACT ADDRESS:

CONTACT NO:

EMAIL:

OCCUPATION:

BIRTHDAY:

APPOINTMENT DATE	TIME	SERVICE	AMOUNT	REMARKS

CUSTOMER:	**CUSTOMER NAME:**
CONTACT ADDRESS:	
CONTACT NO:	**EMAIL:**
OCCUPATION:	**BIRTHDAY:**

APPOINTMENT DATE	TIME	SERVICE	AMOUNT	REMARKS

CUSTOMER:	**CUSTOMER NAME:**
CONTACT ADDRESS:	
CONTACT NO:	**EMAIL:**
OCCUPATION:	**BIRTHDAY:**

APPOINTMENT DATE	TIME	SERVICE	AMOUNT	REMARKS

CUSTOMER:	CUSTOMER NAME:
CONTACT ADDRESS:	
CONTACT NO:	EMAIL:
OCCUPATION:	BIRTHDAY:

APPOINTMENT DATE	TIME	SERVICE	AMOUNT	REMARKS

CUSTOMER:

CUSTOMER NAME:

CONTACT ADDRESS:

CONTACT NO:

EMAIL:

OCCUPATION:

BIRTHDAY:

APPOINTMENT DATE	TIME	SERVICE	AMOUNT	REMARKS

CUSTOMER:	**CUSTOMER NAME:**
CONTACT ADDRESS:	
CONTACT NO:	**EMAIL:**
OCCUPATION:	**BIRTHDAY:**

APPOINTMENT DATE	TIME	SERVICE	AMOUNT	REMARKS

CUSTOMER:	**CUSTOMER NAME:**
CONTACT ADDRESS:	
CONTACT NO:	**EMAIL:**
OCCUPATION:	**BIRTHDAY:**

APPOINTMENT DATE	TIME	SERVICE	AMOUNT	REMARKS

CUSTOMER:	**CUSTOMER NAME:**
CONTACT ADDRESS:	
CONTACT NO:	**EMAIL:**
OCCUPATION:	**BIRTHDAY:**

APPOINTMENT DATE	TIME	SERVICE	AMOUNT	REMARKS

CUSTOMER:	**CUSTOMER NAME:**
CONTACT ADDRESS:	
CONTACT NO:	**EMAIL:**
OCCUPATION:	**BIRTHDAY:**

APPOINTMENT DATE	TIME	SERVICE	AMOUNT	REMARKS

CUSTOMER:	CUSTOMER NAME:
CONTACT ADDRESS:	
CONTACT NO:	EMAIL:
OCCUPATION:	BIRTHDAY:

APPOINTMENT DATE	TIME	SERVICE	AMOUNT	REMARKS

CUSTOMER:	CUSTOMER NAME:
CONTACT ADDRESS:	
CONTACT NO:	EMAIL:
OCCUPATION:	BIRTHDAY:

APPOINTMENT DATE	TIME	SERVICE	AMOUNT	REMARKS

CUSTOMER:	**CUSTOMER NAME:**
CONTACT ADDRESS:	
CONTACT NO:	**EMAIL:**
OCCUPATION:	**BIRTHDAY:**

APPOINTMENT DATE	TIME	SERVICE	AMOUNT	REMARKS

CUSTOMER:	**CUSTOMER NAME:**
CONTACT ADDRESS:	
CONTACT NO:	**EMAIL:**
OCCUPATION:	**BIRTHDAY:**

APPOINTMENT DATE	TIME	SERVICE	AMOUNT	REMARKS

CUSTOMER:	**CUSTOMER NAME:**
CONTACT ADDRESS:	
CONTACT NO:	**EMAIL:**
OCCUPATION:	**BIRTHDAY:**

APPOINTMENT DATE	TIME	SERVICE	AMOUNT	REMARKS

CUSTOMER:	CUSTOMER NAME:
CONTACT ADDRESS:	
CONTACT NO:	EMAIL:
OCCUPATION:	BIRTHDAY:

APPOINTMENT DATE	TIME	SERVICE	AMOUNT	REMARKS

CUSTOMER:	**CUSTOMER NAME:**
CONTACT ADDRESS:	
CONTACT NO:	**EMAIL:**
OCCUPATION:	**BIRTHDAY:**

APPOINTMENT DATE	TIME	SERVICE	AMOUNT	REMARKS

CUSTOMER:	CUSTOMER NAME:
CONTACT ADDRESS:	
CONTACT NO:	EMAIL:
OCCUPATION:	BIRTHDAY:

APPOINTMENT DATE	TIME	SERVICE	AMOUNT	REMARKS

CUSTOMER:	**CUSTOMER NAME:**
CONTACT ADDRESS:	
CONTACT NO:	**EMAIL:**
OCCUPATION:	**BIRTHDAY:**

APPOINTMENT DATE	TIME	SERVICE	AMOUNT	REMARKS

CUSTOMER:	**CUSTOMER NAME:**
CONTACT ADDRESS:	
CONTACT NO:	**EMAIL:**
OCCUPATION:	**BIRTHDAY:**

APPOINTMENT DATE	TIME	SERVICE	AMOUNT	REMARKS

CUSTOMER:	CUSTOMER NAME:
CONTACT ADDRESS:	
CONTACT NO:	EMAIL:
OCCUPATION:	BIRTHDAY:

APPOINTMENT DATE	TIME	SERVICE	AMOUNT	REMARKS

CUSTOMER:	**CUSTOMER NAME:**
CONTACT ADDRESS:	
CONTACT NO:	**EMAIL:**
OCCUPATION:	**BIRTHDAY:**

APPOINTMENT DATE	TIME	SERVICE	AMOUNT	REMARKS

CUSTOMER:	**CUSTOMER NAME:**
CONTACT ADDRESS:	
CONTACT NO:	**EMAIL:**
OCCUPATION:	**BIRTHDAY:**

APPOINTMENT DATE	TIME	SERVICE	AMOUNT	REMARKS

CUSTOMER:	**CUSTOMER NAME:**
CONTACT ADDRESS:	
CONTACT NO:	**EMAIL:**
OCCUPATION:	**BIRTHDAY:**

APPOINTMENT DATE	TIME	SERVICE	AMOUNT	REMARKS

CUSTOMER:	**CUSTOMER NAME:**
CONTACT ADDRESS:	
CONTACT NO:	**EMAIL:**
OCCUPATION:	**BIRTHDAY:**

APPOINTMENT DATE	TIME	SERVICE	AMOUNT	REMARKS

CUSTOMER:	CUSTOMER NAME:
CONTACT ADDRESS:	
CONTACT NO:	EMAIL:
OCCUPATION:	BIRTHDAY:

APPOINTMENT DATE	TIME	SERVICE	AMOUNT	REMARKS

CUSTOMER:	**CUSTOMER NAME:**
CONTACT ADDRESS:	
CONTACT NO:	**EMAIL:**
OCCUPATION:	**BIRTHDAY:**

APPOINTMENT DATE	TIME	SERVICE	AMOUNT	REMARKS

CUSTOMER:	**CUSTOMER NAME:**
CONTACT ADDRESS:	
CONTACT NO:	**EMAIL:**
OCCUPATION:	**BIRTHDAY:**

APPOINTMENT DATE	TIME	SERVICE	AMOUNT	REMARKS

CUSTOMER:	CUSTOMER NAME:
CONTACT ADDRESS:	
CONTACT NO:	EMAIL:
OCCUPATION:	BIRTHDAY:

APPOINTMENT DATE	TIME	SERVICE	AMOUNT	REMARKS

CUSTOMER:

CUSTOMER NAME:

CONTACT ADDRESS:

CONTACT NO:

EMAIL:

OCCUPATION:

BIRTHDAY:

APPOINTMENT DATE	TIME	SERVICE	AMOUNT	REMARKS

CUSTOMER:

CUSTOMER NAME:

CONTACT ADDRESS:

CONTACT NO:

EMAIL:

OCCUPATION:

BIRTHDAY:

APPOINTMENT DATE	TIME	SERVICE	AMOUNT	REMARKS

CUSTOMER:	**CUSTOMER NAME:**
CONTACT ADDRESS:	
CONTACT NO:	**EMAIL:**
OCCUPATION:	**BIRTHDAY:**

APPOINTMENT DATE	TIME	SERVICE	AMOUNT	REMARKS

CUSTOMER:	**CUSTOMER NAME:**
CONTACT ADDRESS:	
CONTACT NO:	**EMAIL:**
OCCUPATION:	**BIRTHDAY:**

APPOINTMENT DATE	TIME	SERVICE	AMOUNT	REMARKS

CUSTOMER:

CUSTOMER NAME:

CONTACT ADDRESS:

CONTACT NO:

EMAIL:

OCCUPATION:

BIRTHDAY:

APPOINTMENT DATE	TIME	SERVICE	AMOUNT	REMARKS

CUSTOMER:	**CUSTOMER NAME:**
CONTACT ADDRESS:	
CONTACT NO:	**EMAIL:**
OCCUPATION:	**BIRTHDAY:**

APPOINTMENT DATE	TIME	SERVICE	AMOUNT	REMARKS

CUSTOMER:	**CUSTOMER NAME:**
CONTACT ADDRESS:	
CONTACT NO:	**EMAIL:**
OCCUPATION:	**BIRTHDAY:**

APPOINTMENT DATE	TIME	SERVICE	AMOUNT	REMARKS

CUSTOMER:	**CUSTOMER NAME:**
CONTACT ADDRESS:	
CONTACT NO:	**EMAIL:**
OCCUPATION:	**BIRTHDAY:**

APPOINTMENT DATE	TIME	SERVICE	AMOUNT	REMARKS

CUSTOMER:	**CUSTOMER NAME:**
CONTACT ADDRESS:	
CONTACT NO:	**EMAIL:**
OCCUPATION:	**BIRTHDAY:**

APPOINTMENT DATE	TIME	SERVICE	AMOUNT	REMARKS

CUSTOMER:	**CUSTOMER NAME:**
CONTACT ADDRESS:	
CONTACT NO:	**EMAIL:**
OCCUPATION:	**BIRTHDAY:**

APPOINTMENT DATE	TIME	SERVICE	AMOUNT	REMARKS

CUSTOMER:	**CUSTOMER NAME:**
CONTACT ADDRESS:	
CONTACT NO:	**EMAIL:**
OCCUPATION:	**BIRTHDAY:**

APPOINTMENT DATE	TIME	SERVICE	AMOUNT	REMARKS

CUSTOMER:	**CUSTOMER NAME:**
CONTACT ADDRESS:	
CONTACT NO:	**EMAIL:**
OCCUPATION:	**BIRTHDAY:**

APPOINTMENT DATE	TIME	SERVICE	AMOUNT	REMARKS

CUSTOMER:	CUSTOMER NAME:
CONTACT ADDRESS:	
CONTACT NO:	EMAIL:
OCCUPATION:	BIRTHDAY:

APPOINTMENT DATE	TIME	SERVICE	AMOUNT	REMARKS

CUSTOMER:	**CUSTOMER NAME:**
CONTACT ADDRESS:	
CONTACT NO:	**EMAIL:**
OCCUPATION:	**BIRTHDAY:**

APPOINTMENT DATE	TIME	SERVICE	AMOUNT	REMARKS

CUSTOMER:	CUSTOMER NAME:
CONTACT ADDRESS:	
CONTACT NO:	EMAIL:
OCCUPATION:	BIRTHDAY:

APPOINTMENT DATE	TIME	SERVICE	AMOUNT	REMARKS

CUSTOMER:	**CUSTOMER NAME:**
CONTACT ADDRESS:	
CONTACT NO:	**EMAIL:**
OCCUPATION:	**BIRTHDAY:**

APPOINTMENT DATE	TIME	SERVICE	AMOUNT	REMARKS

CUSTOMER:	**CUSTOMER NAME:**
CONTACT ADDRESS:	
CONTACT NO:	**EMAIL:**
OCCUPATION:	**BIRTHDAY:**

APPOINTMENT DATE	TIME	SERVICE	AMOUNT	REMARKS

CUSTOMER:	**CUSTOMER NAME:**
CONTACT ADDRESS:	
CONTACT NO:	**EMAIL:**
OCCUPATION:	**BIRTHDAY:**

APPOINTMENT DATE	TIME	SERVICE	AMOUNT	REMARKS

CUSTOMER: | **CUSTOMER NAME:**

CONTACT ADDRESS:

CONTACT NO: | **EMAIL:**

OCCUPATION: | **BIRTHDAY:**

APPOINTMENT DATE	TIME	SERVICE	AMOUNT	REMARKS

CUSTOMER:	CUSTOMER NAME:
CONTACT ADDRESS:	
CONTACT NO:	EMAIL:
OCCUPATION:	BIRTHDAY:

APPOINTMENT DATE	TIME	SERVICE	AMOUNT	REMARKS

CUSTOMER:	CUSTOMER NAME:
CONTACT ADDRESS:	
CONTACT NO:	EMAIL:
OCCUPATION:	BIRTHDAY:

APPOINTMENT DATE	TIME	SERVICE	AMOUNT	REMARKS

CUSTOMER:	**CUSTOMER NAME:**
CONTACT ADDRESS:	
CONTACT NO:	**EMAIL:**
OCCUPATION:	**BIRTHDAY:**

APPOINTMENT DATE	TIME	SERVICE	AMOUNT	REMARKS

CUSTOMER:	**CUSTOMER NAME:**
CONTACT ADDRESS:	
CONTACT NO:	**EMAIL:**
OCCUPATION:	**BIRTHDAY:**

APPOINTMENT DATE	TIME	SERVICE	AMOUNT	REMARKS

CUSTOMER:	CUSTOMER NAME:
CONTACT ADDRESS:	
CONTACT NO:	EMAIL:
OCCUPATION:	BIRTHDAY:

APPOINTMENT DATE	TIME	SERVICE	AMOUNT	REMARKS

CUSTOMER:	**CUSTOMER NAME:**
CONTACT ADDRESS:	
CONTACT NO:	**EMAIL:**
OCCUPATION:	**BIRTHDAY:**

APPOINTMENT DATE	TIME	SERVICE	AMOUNT	REMARKS

CUSTOMER:	**CUSTOMER NAME:**
CONTACT ADDRESS:	
CONTACT NO:	**EMAIL:**
OCCUPATION:	**BIRTHDAY:**

APPOINTMENT DATE	TIME	SERVICE	AMOUNT	REMARKS

CUSTOMER:	**CUSTOMER NAME:**
CONTACT ADDRESS:	
CONTACT NO:	**EMAIL:**
OCCUPATION:	**BIRTHDAY:**

APPOINTMENT DATE	TIME	SERVICE	AMOUNT	REMARKS

CUSTOMER:	**CUSTOMER NAME:**
CONTACT ADDRESS:	
CONTACT NO:	**EMAIL:**
OCCUPATION:	**BIRTHDAY:**

APPOINTMENT DATE	TIME	SERVICE	AMOUNT	REMARKS

www.ingramcontent.com/pod-product-compliance
Lightning Source LLC
Chambersburg PA
CBHW082012230526
45468CB00022B/2049

* 9 7 8 1 7 2 3 5 2 9 4 8 1 *